Leben will ich

Elmar Gruber

Leben will ich

Gebete für junge Menschen

Herder
Freiburg · Basel · Wien

Bildquellen: KNA-Bild, Frankfurt S. 57 –
Andreas Wiemer, Dortmund S. 11, 29, 45, 67.
Titelbild: Tony Stone Ass., London

Herstellung: Freiburger Graphische Betriebe 1989
ISBN 3-451-21575-6

Beten heißt:
Sich selbst „zur Sprache“ bringen, sich „zu Wort“ kommen lassen. Wenn ich bete, höre ich mich selbst; ich setze mich in ein Verhältnis zu mir; ich bekomme ein Verhältnis und eine gewisse Distanz zu meinen Problemen. Im Beten erfahre und erlebe ich mich selbst. Beten schließt das Risiko mit ein, daß ich mich auf mich selber einlasse.

Beten heißt:
Gott „zur Sprache“ bringen. Wenn ich Gott zur Sprache bringe, kommt er „zu Wort“. Ich setze mich in ein Verhältnis zu ihm. Wenn ich Gott „zu Wort kommen“ lasse, wird er vernehmlich; ich kann IHN in meinem Wort erspüren. Wenn ich seinen Namen ausrufe und anrufe, ist das mehr als ein Hinsagen von Wörtern. Wenn ich SEIN Wort und SEINEN Namen bewußt in meinen Mund nehme, beginnt ER in meinem Wort zu sprechen. Ich kann IHN hören und er-hören, und zugleich fühle ich mich gehört und erhört.

Es mag manchen verwundern, wenn bei diesen Gebeten immer mein Ich als Erstes und als Ausgangspunkt erscheint. Dies darf nicht so mißverstanden werden, als ob Gott aus der Mitte verdrängt und ich an seine Stelle gesetzt würde. Hier muß man klar die zwei verschiedenen Ebenen unterscheiden: Auf der Seinsebene ist Gott Ursprung und Ziel, Anfang und Ende und die Mitte, an der sich alles orientiert.

Auf der Ebene meines konkreten sündigen Lebens bin ich aber noch nicht und immer wieder nicht auf dieser Seinsebene. Ich kann also in den spirituellen Bemühungen nicht von der Ebene ausgehen, die ich erst erreichen muß. Ich muß mich (und natürlich auch die anderen) da „abholen, wo ich stehe“ (bzw. wo sie stehen). Und das Nächstliegende ist eben mein sündiges, tragisches und deprimiertes Ich.
Dazu kommt, daß mich ja auch Gott (in Jesus Christus) da abholt, wo ich stehe; Er verlangt nicht, daß ich zu Ihm komme, sondern Er erwartet, daß ich Ihn zu mir kommen lasse. Der Mensch ist das Ziel der Liebe Gottes, und der Mensch steht im Mittelpunkt der rettenden Bemühungen Gottes. Gott will, daß „es mir gut geht“ (d. h., daß ich in seiner Liebe zur Selbstannahme und Identität gelange). Das Einswerden mit dem Willen Gottes kann also primär nur dadurch geschehen, daß auch ich will, daß es mir gut geht.
Die Rangordnung: Ich – Gott – Welt oder Ich – Welt – Gott ist also von der sündigen Lebenspraxis her gegeben. Um das Sein-Sollende zu erreichen, muß ich zwar das Sein-Sollende als Ziel kennen oder wenigstens erahnen, aber ausgehen muß ich vom So-Seienden, von da, wo ich bin. Das Ziel ist seit Ewigkeit „in Ordnung“, aber es geht um mich, nur um mich und meinen „Auf-Bruch“.

Diese Gebete wollen „Menschen im Aufbruch“ erreichen, Menschen, die nach Orien-

tierung und Stabilisierung des Lebens verlangen. Dies sind vor allem junge Menschen. Aber auch der erwachsene Mensch, der immer wieder Orientierung und Stabilisierung braucht, kann sich in diesen Betrachtungen und Gebeten angesprochen fühlen.
In den meditativen Betrachtungen vor jedem Gebet soll eine konkrete Lebenssituation erspürt werden, die dann im Gebet zu Gott hin eröffnet wird. Die Gebete richten sich in der Regel an Gott, den Herrn. Sie sind sozusagen die Vorstufe zum trinitarischen Gebet der Liturgie.
Die Betrachtungen und Gebete dieses Buches wollen anregen zum persönlichen Gebet. Sie wollen ferner den Boden bereiten für das Psalmengebet, in dem seit Jahrtausenden Menschen sich und Gott gefunden haben.

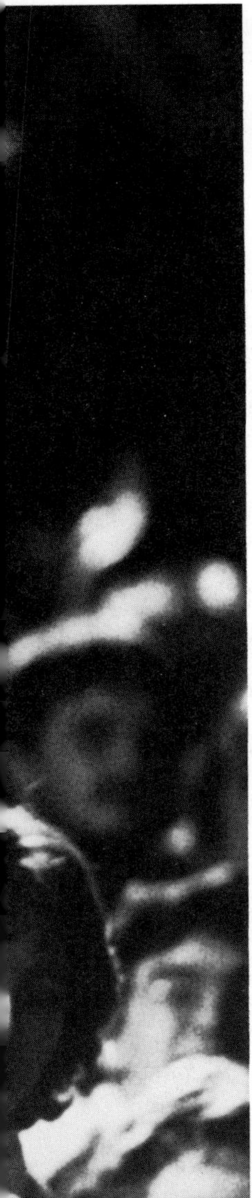

ICH – Leben dürfen

Frei sein

Wer Konsum und Lust
zum Inhalt seines Lebens macht,
wird abhängig und süchtig.
Er verliert die Freiheit
und sich selbst.
Die Lust
ist ein Geschenk von Gott.
Wenn ER
der Halt und Inhalt
meines Lebens ist,
dann bleibe ich frei.
Ich kann mich
über alles freuen
und habe Lust genug.

Gott,
du bist meine Freiheit.
Ich will dich
in deinen Geschenken
suchen und lieben.
Laß nicht zu,
daß ich meine Freiheit
und mich selbst
verliere,
weil mich
der Konsum beherrscht.

Sich selber lieben

Wer andere lieben will,
muß auch sich selber lieben.
Und wer sich selber liebt,
liebt auch die anderen.
Doch niemand
kann die Liebe machen.
Der Egoist
meint nur,
daß er liebt;
in Wirklichkeit
ist er nur anspruchsvoll
und unzufrieden.
Gott ist die Liebe,
er liebt alle Menschen,
von ihm kommt alle Liebe.
Wer liebt,
kennt Gott –
er kann sich
und alle Menschen lieben.

Gott, du bist die Liebe.
Laß mich deine Liebe spüren.
Gib mir die Liebe,
daß ich mich,
den Freund, die Freundin
und alle Menschen
lieben kann.

Sich finden

Wer sich verloren hat,
wer sich verloren fühlt,
muß sich suchen
und sich finden.
Wenn ich mich finde,
empfinde ich mich selber
als Geschenk.
Ich kann mich
mir selbst nicht schenken;
ER ist es,
der mich mir schenkt,
wenn ich mich
als Geschenk empfinde.
Ich spüre Gott,
wenn ich mich finde,
und wenn ich Gott finde,
spüre ich immer
auch mich selbst.

Gott,
du bist mein Ursprung.
Lasse mich
mich finden,
lasse mich
dich finden,
wenn ich mich verloren habe
und nach mir suchen muß!

Sich leiden können

Schlecht
geht es dem,
der sich selbst
nicht leiden kann.
Er kann auch
keine anderen leiden.
Wenn er spürt,
daß er geliebt ist,
kann er sich selber
und die anderen
leiden.
Gott liebt uns immer,
auch wenn wir böse sind,
geht uns seine Liebe
nicht verloren.

Gott,
laß mich spüren,
daß du mich liebst,
wenn ich an mir leide
und wenn ich mich
nicht leiden kann.
Gib mir die Liebe,
die ich brauche
für mich
und für die anderen
und für alle Geschöpfe.

Beschenkt sein

Wenn du dich
an mir freust,
kann auch ich mich
an mir freuen.
Durch dich
werde ich ein Geschenk,
nicht nur für dich,
sondern auch für mich.
Mein Schöpfer
freut sich immer,
daß es mich gibt;
er schenkt mich
mir selber.
Wenn ich an meinen
Schöpfer denke,
habe ich immer
Grund zur Freude.

Herr,
laß mich nie vergessen,
daß du mein Schöpfer
und mein Vater bist.
Laß mich die Freude
an mir selber nicht verlieren,
wenn ich enttäuscht bin
von Menschen,
die ich liebe
und die mich lieben.

Sich ärgern

Ich bin oft
voll Wut
und voller Haß;
ich muß mich selber
ärgern.
Mir fehlt die Liebe
für mich selber.
Ich lasse meine Wut
an andern aus
und suche die Schuld
bei ihnen,
obwohl sie bei mir selber liegt.
Ich brauche Liebe,
die meinen Haß
verwandelt.

Herr,
du hast dich hassen lassen
und hast nie aufgehört
zu lieben.
Du hast die Liebe,
die ich brauche.
Du bist die Liebe.
Schenk mir Liebe,
damit ich nicht mehr hassen muß.

Geprüft werden

Gott kennt mich ganz.
Er braucht keine Prüfung,
um mich zu kennen.
Er liebt mich
mit meinen Fähigkeiten
und Unfähigkeiten.
Aber ich
kenne mich
noch nicht genug;
ich
muß mich selbst
erfahren.
In der Prüfung
werde ich erprobt.
Ich lerne mich kennen,
ich erfahre,
wer ich bin
und was ich kann.

Gott,
du kennst mich ganz.
Laß mich in allen Prüfungen erfahren,
wer ich bin.
Schenke mir den Erfolg,
der mir zusteht,
und gib mir die Kraft,
auch Mißerfolge
hinzunehmen.

Verloren haben

Ich habe verloren;
der erhoffte Gewinn
ist ausgeblieben.
Ich habe
viel verloren,
ich habe
das Liebste verloren.
Ich bin
voll Wehmut,
voll Trauer;
ich bin verbittert
und habe
keine Freude mehr.

Gott,
ich versteh' dich nicht.
Hast du
mir alles genommen?
Schau auf meine Qualen!
Laß mich spüren,
daß du meine Qualen
auf dich
genommen hast.
Laß mich
deine Nähe
spüren!

In Ordnung sein

Ohne Gesetz und Ordnung
kann Leben nicht bestehen
und gedeihen.
Und doch kommt mein Leben
nicht vom Gesetz
und nicht von der Ordnung.
Ich muß
vom Leben selber leben.
Gesetz und Ordnung
sollen mich zur Freiheit führen.
In der Freiheit
sind Gesetz und Ordnung
eingeschmolzen.
Der Ordnungslose
ist nicht frei,
er ist der Sklave seiner selbst
und ist sich schutzlos
ausgeliefert.

Herr,
führe mich zur wahren Freiheit.
Gib mir Kraft zu Ordnung und Gesetz,
damit ich das Leben lerne.
Laß mich immer mehr
aus der Tiefe wahrer Liebe leben,
in der die äußeren Gesetze
überflüssig werden.

Sich ändern

Wenn ich so sein *darf,*
wie ich bin,
muß ich nicht mehr
so sein, wie ich bin:
ich kann mich ändern.
Wenn du mich
absichtslos, bedingungslos
so liebst, wie ich bin,
kann ich mich
in deiner Liebe ändern.
Wenn du mich
mit meiner Bosheit liebst,
kann ich beginnen,
sie zu überwinden.
Mein Schöpfer
liebt mich immer,
so, wie ich bin,
absichtslos, bedingungslos.
Darum wird mich seine Liebe
verändern und erlösen.

Gott,
du läßt mich nie
aus deiner Liebe fallen.
Nimm mir die Angst,
die mich überfällt,
wenn ich mich Menschen
oder auch mir selber
ausgeliefert fühle.
Mache mich neu
durch deine Liebe.

Zusammenhalten

Wenn ich mit dir
zusammenhalten soll,
mußt auch du mit mir
zusammenhalten.
Obwohl wir es versuchen,
es gelingt uns immer nicht,
und jeder
sucht die Schuld beim andern.
Wir brauchen einen Dritten,
der mich hält,
der dich hält,
der uns zusammen hält.
Halte dich an IHN,
ich halte mich auch an IHN.
Nur ER
kann uns
zusammenhalten.

Gott,
Du bist der Zusammenhalt.
Dich brauchen wir,
wenn wir
zusammenhalten wollen.
Sei du
unser Zusammenhalt,
dort, wo wir mitsammen leben.

Gemeinsam einsam sein

Was wir gemeinsam lieben
– mögen und nicht mögen –,
das verbindet uns.
Wir brauchen die Gemeinsamkeiten,
wenn wir gemeinsam leben wollen.
Das Ge-mein-same
ist zugleich ganz das Meine
und ganz das Deine.
Mich geht das Deine an
und dich das Meine.
Und trotzdem
mußt du mir das Meine lassen
und ich dir das Deine.
Ich kann nur gemeinsam
einsam leben
und einsam gemeinsam.
Wenn das eine fehlt,
ist auch das andere
nicht mehr da.

Gott,
du liebst uns alle
und einen jeden ganz besonders.
Deine Liebe macht mich einmalig,
und sie verbindet mich untrennbar
mit allen Menschen.
Stärke in mir das Bewußtsein,
daß wir alle Brüder sind,
und laß mich in jedem Menschen
meinen Bruder sehen.

Anwesend sein

Oft bin ich ganz woanders
als da,
wo ich bin:
Meine Sorgen,
meine Ängste
meine Süchte
halten mich so gefangen,
daß ich die Gegenwart
nicht mehr erleben kann.
In meiner „Geistes-Abwesenheit"
nehme ich nicht mehr wahr
was mich jetzt an-geht,
an-spricht und an-schaut.
Ich sehe meine „An-Wesen" nicht,
wenn ich selbst nicht an-wesend bin.
Ich muß mich frei machen
von den Zwängen,
damit ich im Jetzt und Heute lebe
und anwesend bin.

Gott,
meine Ängste, Sorgen und Zwänge
lege ich in deine Hand.
Laß mich jeden Tag
im Jetzt und Heute leben!
Laß mich am Leben bleiben
und Abstand gewinnen
zu allem,
was mein Leben stört und hindert!

In die Krise kommen

Ich brauche irdische Ziele,
um mein Leben zu gestalten
und zu meistern.
Und wenn ich Ziele erreicht habe
oder wenn ich nichts mehr
erreichen kann,
steht die Frage auf:
Wozu das alles?
Der Tod
wird mir alles nehmen
und beenden!
Wenn ich bei meinen irdischen Zielen
ein ewiges Ziel verfolge,
bin ich immer unterwegs
und nie am Ende.
Wenn Alles-Haben
und Nichts-mehr-Brauchen
eins geworden sind,
bin ich ganz frei.
Man braucht nicht viel zu haben,
um nichts mehr zu brauchen.

Herr,
mach mich frei!
Laß mich die irdischen Ziele
so erreichen,
daß ich das ewige nicht verliere!
Führe mich
durch die Ent-Täuschungen des Lebens
zur ewigen Wahrheit!

Intim sein

Trau keinem,
der sich dir
auf der Straße offenbart
und sein Innerstes
veröffentlicht.
Ohne Heimlichkeiten
wird das Leben
unheimlich.
Wer sein Innerstes
aus dem geschlossenen Raum
entläßt,
verschleudert sein Geheimnis;
er gibt sich preis
und kann
sich nicht mehr
verschenken.

Herr,
mein Innerstes gehört nur dir.
Halte mich,
damit ich mein Innerstes bewahre.
Schenke mir Begegnungen,
in denen ich mich finde
und nicht verliere.

Sich sehnen

Ich sehne mich
nach einem Menschen,
der mich mag,
der mich anschaut, anhört, anspricht,
der mich anrührt,
den ich anrühren darf.
Ich sehne mich
nach Nähe.
Ich sehne mich nach dir.
Du kannst mir,
ich kann dir
keine Nähe schenken,
wenn sie uns nicht
geschenkt wird.

Herr,
gib mir Nähe,
damit ich nah sein kann.
Schick mir einen Menschen,
der mir nah sein kann
durch deine Nähe.

ICH –
Selber leben

Selber leben

Wer immer tut,
was andere wollen,
wer immer will,
was andere haben oder tun,
der lebt nicht selber.
Ich muß mein Leben
selber wagen
und auf mich selber nehmen,
auch wenn ich Fehler mache
und schuldig werde.
Ich brauche nie
die Schuld auf andere zu schieben,
ich bin immer
selbst mitschuldig.
Gott läßt mich nie fallen;
bei ihm darf ich schuldig sein.
Er hilft mir immer weiter.

Gott,
du bist treu,
du bleibst mir treu,
auch wenn ich untreu werde.
Ich will mein Leben wagen;
ich will selber leben
im Vertrauen auf dich.
Gib mir den Mut dazu.

In Ruhe lassen

Ich bin oft aufgebracht
und unruhig.
Ich habe keine Ruhe,
und ich kann
keine Ruhe geben.
Ich kann mich selber
nicht in Ruhe lassen.
Die Unruhe
stört mich
beim Denken,
beim Arbeiten,
in der Begegnung mit Menschen.
Ich bin so leicht
und so schnell
aus der Ruhe
zu bringen.

Herr,
du bist meine Ruhe.
Gib mir Ruhe,
damit ich Ruhe geben kann.
Mach mich ruhig und gelassen,
damit ich meine Aufgaben
erfüllen
und mich selber
finden kann.

Warten können

Ich kann nicht warten,
weil ich immer alles
sofort haben muß.
Ich bin unzufrieden,
wenn mein Anspruch
nicht sofort Erfüllung findet.
Warten wollen;
warten lernen;
warten können!
Im Warten
werde ich anspruchslos
und frei.
Was ich nicht mehr
haben muß,
macht mich froh und glücklich.
Dem Anspruchslosen
wird alles
zum Geschenk.

Herr,
in jeder Freude
kommst du in mein Leben.
Ich warte auf dich,
auch wenn du
unvermutet kommst.
Gib mir die Kraft zum Warten
und mache mich wach,
damit ich deinen Augenblick
nicht verpasse.

Harren

Alles Leid
wäre kein Leid,
wenn ich im Leid
die Liebe spüren könnte.
Alles Leid
besteht darin,
daß ich mich nicht
geliebt erfahre.
Wenn ich nur warten könnte:
harren –
bis ich die Liebe
wieder spüre,
ganz neu
und auch vielleicht ganz anders.
Hinterher darf ich erfahren,
daß ich ein anderer
geworden bin
und daß das Leid
zu mir gehört.

Gott,
oft kann ich dich nicht spüren,
und ich meine,
du hast mich verlassen.
Gib mir die Kraft zum Harren,
damit ich nicht verzweifle.
Wende dich zu mir,
wende mich zu dir,
schenk mir ein Zeichen
deiner Nähe.

Schreien

Solange ich noch schreien kann,
kann ich
aus mir heraus –
bin ich noch lebendig.
Wenn ich schreie
in der Not,
spüre ich Befreiung;
ich trenne mich von dem,
was mich gefangenhält
und quält.
Es wird mir abgenommen
von IHM,
der mich im Schreien hört
und mich erhört.
Im Schreien selbst
liegt schon die Erhörung.

Herr,
laß mich schreien
in meiner Not.
Neige dein Ohr zu mir,
damit ich zu dir schreie,
bis du mich erhörst.

Bitten

Wer mit Vertrauen bittet,
braucht auf Erhörung
nicht verzichten:
Er erhält,
was er erbittet,
oder er kann das Unerwünschte
als das Seine
annehmen und behalten.
Es wird immer anders:
entweder von außen her
oder von innen,
weil ich ein anderer werde.
Ich muß beharrlich bitten;
Erhörung braucht oft lange Zeit.
Und doch: Wer bittet,
hat bereits empfangen;
denn Bitten-Können
ist schon Gnade.

Herr,
laß mich bitten!
Dich bitte ich:
Gib mir,
was ich brauche,
laß mich gebrauchen,
was ich habe.
Gib du mich
mir selber,
damit ich mich
und alles andere
annehmen und empfangen kann.

Danken

Wer denkt,
der dankt;
denn es gibt nichts,
das ich nicht empfangen hätte.
Der Anspruchsvolle
kann nichts mehr als Geschenk
empfangen,
weil er alles
haben *muß*.
Dem Anspruchslosen
wird alles zum Geschenk,
weil er nichts mehr
haben muß.
Im Danken
liegt das Glück
des reich Beschenkten;
glücklich ist,
wer danken kann.

Herr,
laß mich denken,
damit mich nicht
die Ansprüche beherrschen!
Mache mich offen und empfänglich
für das Geschenk des Lebens!
Ich will dir danken
in jedem Augenblick
für jeden Augenblick.

Entscheiden

Mein Leben
kann erst mein Leben werden,
wenn ich mich riskiere
und für irgend etwas
ganz entscheide.
Ich muß das Viele
und das Andere lassen
und nur das Eine tun,
sonst wird es nicht
das Meine.
Besser falsch entschieden
als immer unentschieden!
Falsch entschieden
kann ich mich immer
korrigieren.
Auch der Irrtum
kann zu mir gehören.
Den Unentschiedenen
zerreißt das Leben.

Herr,
gib mir den Mut,
damit ich mich entscheide!
Nimm mir die Angst,
daß ich etwas verliere,
wenn ich auf etwas verzichte.
Gib mir die Kraft,
mein Leben zu ändern,
wenn ich einsehe,
daß ich mich geirrt habe.

Hoffen

Das Wort hoffen
kommt von „hoppen", „hüpfen".
Ich bin in der Luft:
ich habe den alten Boden
nicht mehr
und den neuen
noch nicht
unter den Füßen.
Ich muß das Alte
verlassen,
bevor ich das Neue
gewinnen kann.
Wer auf Gott hofft,
verläßt sich nicht mehr
auf das Irdische.
Er lebt in dieser Welt,
aber nicht mehr von dieser Welt.
Er ist jetzt schon
in Gott geborgen.

Gott,
auf dich will ich hoffen.
Laß mir meine Probleme
nicht so nahe gehen,
daß sie mir die Freude rauben.
Mach mich stark,
wenn mir andere weh tun
und mich verletzen.

Handeln

Meine Hände „handeln“:
sie nehmen und geben,
sie berühren, tun und machen.
Ich
handle in meinen Händen;
das, wovon ich lebe,
kommt in meinen Händen,
in meinem Handeln,
zum Ausdruck.
Wenn ich SEIN Wort höre
und mich an IHM festhalte,
werden meine Hände
SEINE Hände,
- mein Handeln
SEIN Handeln.
Gott will
keine anderen Hände
als die meinen.

Mein Gott,
mein Handeln
ist oft sinnlos, erfolglos und vergeblich.
Die Habsucht ist oft stärker als die Liebe.
Öffne mich für dein Wort
und deine Wahrheit,
damit mein Handeln
zum Segen wird
für mich,
für die Menschen
und für die Welt.

Sich freuen

Ich kann dir
keine Freude machen,
wenn du dich
nicht selber freust.
Wer sich nicht selber
freuen kann,
ist ganz den andern
ausgeliefert.
Und wenn ich es versuche,
mich selber zu erfreuen,
erfahre ich:
ich kann auch mir selber
keine Freude machen.
Die Freude muß von selber kommen.
Sie kommt von Gott,
ER ist die Quelle.
Wer sich freuen will,
muß zu IHM,
zur Quelle aller Freuden gehen.
ER macht auch im Leid
die Freude möglich.

Herr,
ich will mich freuen;
mir ist die Freude ausgegangen.
Ich kann mich selbst
nicht freuen.
Schick mir einen Menschen,
schick mir irgendein Zeichen
deiner Liebe,
damit ich mich
wieder freuen kann.

Glauben

Jeder Mensch
lebt aus Gott.
Doch dieses Wissen
kann nur
aus meinem Glauben kommen.
Ich kann Gott spüren
in der Liebe,
in meiner Freude
und in der Kraft zum Leiden.
Ohne Glauben
lebe ich im Licht
wie ein Blinder.
Glauben
verlangt mein Herz.
Glauben ist Risiko;
niemand
und keine Argumente
können mich zwingen.
Glauben ist Geschenk,
Geschenk SEINER Liebe.

Herr,
„ich will glauben,
hilf meinem Unglauben!"
Schenk mir durch die Liebe,
die ich erfahren darf,
den Mut
zum Risiko des Glaubens.

Vertrauen

Das Gottvertrauen
gibt mir die Kraft,
daß ich mich traue
und daß ich mir
selber traue.
Das Gottvertrauen
macht mich treu
und zuverlässig.
Ohne Gott
hätte ich keinen Grund,
mir selbst zu trauen
und mein Leben
zu wagen.

Herr,
ich vertraue auf dich.
Ich vertraue dir mein Leben an.
Gib mir Lebensmut
und Selbstvertrauen.
Gib mir Kraft
in meiner Schwachheit.

Schuldig sein

In meiner Schuld
erlebe ich,
daß in meinem Leben
etwas ist,
was nicht sein sollte.
Und ich kann es nicht
ungeschehen machen.
In meiner Schuld
kann ich mich selbst
nicht leben lassen.
Ich muß mich selbst vernichten
oder meine Schuld verdrängen,
wenn ich niemand finde,
der mich in meiner Schuld
und mit meiner Schuld
liebt
und leben läßt.
Gott liebt mich immer,
in seiner Liebe
darf ich schuldig sein
und muß mich selber
nicht mehr unterdrücken.

Herr,
laß mich meine Schuld erkennen
und vor dir bekennen.
Bewahre mich,
daß ich mich nicht selbst belüge
und meine Schuld verdränge.
Laß mich in meiner Schuld
geborgen sein
in deiner Liebe.

GOTT –
Sicher sein

Sicher sein

Wer Angst hat,
wer in der Enge ist,
dem fehlt Gott;
wer glaubt,
hat keine Angst.
Angst
ist der Widerspruch
zum Glauben.
Wer auf Gott vertraut,
findet die Sicherheit,
die alle Unsicherheit
des irdischen Lebens
überwindet.

Gott,
du bist mein Fels,
mein feste Burg,
mein Halt
im Leben.
Laß mich dich ergreifen,
wenn mich die Angst
überfällt
und wenn ich
unsicher bin
im Leben.

Gott hat keine Feinde

Gott
hat von sich aus
keine Feinde.
Er liebt alle Menschen,
alle Gruppen,
die Guten und die Bösen.
Er liebt meine Freunde,
aber auch meine Feinde.
Die Menschen
machen die Feinde,
weil sie nicht alle Menschen
lieben können
und lieben wollen.
Wenn ich zulasse,
daß Gott auch meine Feinde liebt,
kann ich aufhören zu hassen,
und anfangen, meine Feinde zu lieben.
Das ist mehr
als Waffenruhe,
als Gleichgewicht der Angst;
das ist der wahre Friede.

Gott,
du bist der Freund
aller Menschen.
Laß mich deine Freundlichkeit
erfahren,
damit ich mich und andere
nicht mehr ärgern muß,
damit ich alle Menschen
lieben kann.

Gott vertraut dir

Gott zwingt dich
zu nichts.
Er will dir dienen,
damit du glücklich
leben kannst.
Er kommt als Kind,
damit du ihn nimmst
wie ein Kind,
damit du ihn
nicht fallenläßt.
Er läßt sich wie ein Lamm
beschimpfen, schlagen, töten,
damit alle sehen:
Gott liebt die Menschen immer,
auch wenn sie ihn
nicht lieben.
Gott vertraut darauf,
daß du irgendwann
seine Liebe annimmst
und dich von ihm
lieben läßt.

O Gott,
ich kann oft nicht glauben,
daß ich immer geliebt bin
von dir.
Oft suche ich die Liebe dort,
wo ich sie nicht finde.
Ich bin verzweifelt und enttäuscht.
Laß mich deine Liebe erkennen
und in deiner Liebe geborgen sein.

Gott ist anders

Wer sich von Gott
ein Bild macht,
macht sich immer
ein falsches Bild
von Gott.
Was für uns
gut und böse,
richtig und falsch ist,
ist für Gott ganz anders
als für uns.
Wie Gott ist,
sehen wir
an Jesus Christus,
aber auch nur,
wenn wir an ihn glauben.

Gott,
du bist anders,
als wir Menschen
dich haben wollen.
Du bist unbegreiflich.

Mensch geworden

Gott
ist Mensch geworden.
Gott
verkörpert sich
in Jesus.
Durch Jesus
erkennen wir das Göttliche
in jedem Menschen:
die Liebe.
Durch die Liebe
werden meine Hände
seine Hände,
meine Augen
seine Augen,
meine Worte
seine Worte.
ER begegnet uns,
wenn wir uns begegnen
in der Liebe.

Gott,
du bist in Jesus Mensch geworden,
um uns ganz menschlich
zu begegnen.
Laß uns dich suchen
in jedem Wort,
in jedem Blick,
in jeder Berührung,
die wir miteinander haben.
Laß uns ganz menschlich
dir begegnen.

Erlöst sein

Wenn jeder immer wüßte,
daß er geliebt ist,
unendlich,
unbedingt
und unverlierbar –
könnte keiner mehr
böse sein
und Böses tun.
Alles Böse
wäre aufgehoben.
ER
hat sich restlos,
bedingungslos –
den Menschen hingegeben,
damit sie das Geliebt-Sein
sehen,
spüren –
und daran glauben können.

Herr,
laß uns an deine Liebe glauben,
auch wenn uns Lieblosigkeit umgibt
und wenn wir vieles nicht begreifen.
Laß uns spüren,
daß wir Geliebte sind,
damit wir immer
lieben können.

Gott-Beziehung

Für den Glaubenden
ist Gott die Kraft in jeglicher Beziehung,
die Mitte,
die zwischen dir und mir
und allen anderen
ver-mittelt.
ER vermittelt dich und mich
und alles.
ER bewirkt,
daß du und ich,
daß wir
gut beisammen sind
und uns verstehen.
Wenn zwei sich lieben
ist immer Gott der Dritte.
Wenn Gott
die Kraft in der Beziehung ist,
so kann er selber nur Beziehung sein:
Ein Ursprung,
ein Gegenüber,
eine Beziehung zwischen beiden:
„die heiligste Dreieinigkeit".

Gott,
schenke mir den Glauben an dich.
Gib, daß ich die Beziehungen,
die mir geschenkt sind,
nicht blind und stumpfsinnig verbrauche,
sondern daß ich dich,
den dreieinigen Gott,
erkenne und preise!

Dreifaltigkeit

Gott ist dreifaltig einer:
als Ursprung, Vater,
steht er über mir,
als Sohn und Bruder
steht er neben mir,
als Geist und Liebeskraft
wirkt er in mir
und in der ganzen Schöpfung.
Im Glauben
kann ich diesen Gott erspüren
in mir selbst
und in der Welt,
in der ich lebe.

Dreifaltiger Gott,
du bist mein Vater
und mein Bruder
und das Innerste
in meinem Selbst.
Laß mich dich finden,
wenn ich einen Vater suche
oder einen Bruder –
laß mich dich finden,
wenn ich
mich selber suche.

Kraft von oben

Meine Kraft,
die Kräfte der Natur,
die ich benütze,
reichen nicht aus,
die Probleme meines Lebens
zu bewältigen.
Ich brauche *mehr* Kraft,
eine „allmächtige“ Kraft:
„die Kraft aus der Höhe“.
Ich kann diese Kraft
nicht für mich „benützen“;
ich muß mich von ihr
benützen lassen.
Dann schafft sie
aus mir, in mir
und durch mich
etwas Neues,
Ganzes
und Ewiges.

Gott,
sende mir deinen Geist,
die Kraft aus der Höhe.
Ich bin mit mir selber überfordert.
In meiner Not erkenne ich:
ohne dich kann ich nicht leben.
Gib mir Kraft,
deine Kraft,
die alles macht
und alles heilt.

Gott trennt

Was uns verbindet
ist dasselbe,
was uns trennt.
Ich brauche mit dir Verbindung
und zugleich auch die Trennung,
sonst verschmelzen wir,
so, daß keiner
selbst mehr leben kann.
Hab keine Angst
vor den Konflikten.
Sie zwingen dich
zum Selber-Leben,
so daß du zu festerer Verbindung
fähig wirst.
Die Kraft, die uns verbindet,
ist dieselbe, die uns trennt:
Gott.
Nur in IHM
ist die Verschmelzung möglich,
bei der ich selbst
erhalten bleibe.

Gott,
ich glaube an dich
auch in Verlust und Trennung.
Gib mir die Kraft,
Trennungen zu verschmerzen
und notwendigen Konflikten
nicht auszuweichen.

WELT – Hab keine Angst

Nie allein

Käfer, Vogel,
Blume, Baum,
Berg und Stein –
sie sind alle
Mitgeschöpfe –
Brüder, Schwestern.
In jedem
zeigt dir
und schenkt dir
dein Vater
den Reichtum
seiner Liebe.
Du bist nie arm
und nie allein,
weil du diesen Vater hast.

Vater unser,
laß mich in allen Dingen
deine Geschöpfe sehen
und deine Liebe spüren.
Laß mich alle Geschöpfe lieben
als Geschwister,
die miteinander
und füreinander
leben dürfen.

Hab keine Angst

Schau die Blumen an,
wie sie wachsen,
die Knospen,
wie sie aufgehen,
blühen
und welken.
Sie blühn nur kurze Zeit
und kommen immer wieder
neu und anders.
Wenn sich Gott
so um die Blumen kümmert,
wie viel mehr
kümmert er sich
um dich,
auch wenn du es oft
nicht glaubst
und spüren kannst.
Darum:
hab keine Angst.

O Gott,
du läßt die Blumen blühn,
laß mich spüren,
daß du dich immer
um mich sorgst,
auch wenn ich vieles
nicht verstehe.

Welt verantworten

Die Welt
ist mir gegeben
wie einer großen Schwester,
einem großen Bruder,
der für die schwächeren
Geschwister sorgt.
Die Welt ist mir anvertraut,
damit ich mich an ihr freue
und damit ich sie versorge
und erhalte.
Ich habe kein Recht,
irgend etwas zu besitzen,
denn alles
gehört dem Schöpfer.
Er wird mich einmal nicht
nur fragen:„Wo ist dein Bruder“,
sondern auch: „Wo ist die Welt,
die ich dir gegeben habe?“
Und ich
kann der Antwort
nicht entkommen.

Gott, unser Vater,
laß mich in allen Geschöpfen
die Geschwister sehen,
die meine Hilfe brauchen,
damit sie sein und leben können.
Laß mich deine Liebe spüren
in allen Geschöpfen,
damit auch ich sie
achten und lieben kann.

Medien-Lüge

Zeitungen,
Fernsehen,
Filme – die Medien –
vermitteln unsere Welt meist so,
daß Gott nicht vorkommt.
Man könnte meinen,
Konsum und Lust und Macht
wären der Sinn des Lebens.
Wenn Gott das Leben ist,
das sich auswirkt
in unserer Welt,
dann gibt es kein Leben
ohne Gott.
Ich muß selber
Gott suchen,
auf IHN vertrauen
und aus IHM leben,
dann gereicht mir alles
– auch die Medien –
zum Guten.

Gott,
du bist mein Leben.
Gib mir den Spürsinn,
daß ich dich in allem,
auch in unserer technisierten Welt,
suche und finde.
Bewahre mich vor Glaubenszweifel,
wenn heute
so viele nicht mehr von dir sprechen
und so tun,
als ob es dich nicht gäbe.

Gegen-Teile

Jedes Teil
hat sein Gegen-Teil;
alle Teile
sind Gegenteile.
Sie sind vereint
im großen Ganzen.
Die Sünde teilt
das eine große Ganze,
so daß wir in Gegenteilen
leben müssen:
Leben und Tod;
Zeit und Ewigkeit;
Gut und Böse.
Im Weizen blüht das Unkraut,
immer liegt der Schatz im Acker,
in jedem Schaf schlummert auch der Wolf.
Nur die Liebe
kann die Spaltung heilen
und die Gegenteile einen.

Gott,
in dir sind alle Gegenteile eins
und alle Gegensätze aufgehoben.
Schenk mir die Liebe,
damit mich die Gegenteile
nicht zerreiben
und die Gegensätze
nicht zerreißen.
Führe mich zur Harmonie des Seins,
und laß mich
durch deine Liebe
Harmonie bewirken.

Zeit und Ewigkeit

In der Zeit
hat alles einen Anfang
und ein Ende.
Die Augenblicke
kommen und vergehen,
und niemand
kann den Augenblick
zur Dauer zwingen.
Doch die Augenblicke
sind wie Löcher
im dichten Tuch der Zeit,
durch die das ewige Licht
der Liebe und der Freude strahlt.
Lebe ganz im Augenblick,
doch halte dich nicht fest an ihm.
Nimm das Ewige in dich auf,
das dir die Augenblicke schenken,
es kann dir nie
genommen werden.

Gott,
du bist der Herr der Zeit,
Deine ewige Liebe
strömt in unsere vergängliche Zeit.
Hilf uns,
damit wir in unserer Vergänglichkeit
aus dem ewigen Leben leben,
das uns der Tod
nicht rauben kann.

Zeit haben

Zeit haben
ist kein Zeitproblem.
Zeit ist für alle
und für alles da,
man muß sich die Zeit
nur in rechter Weise nehmen.
Der eine
nimmt sich die Zeit selber weg,
so daß er keine Zeit mehr hat –
der andere
nimmt sich die Zeit zum Leben;
er gewinnt mit der Zeit
die Ewigkeit.
Angesichts der Ewigkeit
gibt es keine Zeitprobleme.

Herr,
dein ist die Zeit
und die Ewigkeit.
Gib mir Zeit
zur Ewigkeit!
Mache mich besonnen,
damit ich meine Zeit
nicht verliere,
sondern mit ihr
mein Leben und mich selbst
gewinne.

Sich erinnern

Der Augenblick vergeht,
doch bleibt sein Inhalt ewig,
wenn ich ihn nach innen
hole.
Das Vergängliche
ist nur Verpackung,
nur Gefäß
für unvergängliche Geschenke.
Ich kann das,
was ich erfahren habe,
in mir bewahren,
hüten,
halten,
pflegen,
so geht es nie verloren.
Durch die Er-Innerung
kann ich alles
immer wieder neu erleben.
In der Erinnerung erlebe ich,
daß es Wirklichkeiten gibt,
die meiner Vergänglichkeit
nicht unterworfen sind.

Herr,
du lebst in allem,
was ich erlebe.
Laß mich im Vergänglichen
das Unvergängliche erkennen.
Öffne mein Herz,
damit ich das Unvergängliche bewahre
für Zeit und Ewigkeit.

SYMBOLE – Alles ist Gleichnis

Alles ist Symbol

Alles, was es hier auf Erden gibt,
ist Symbol,
eine Einheit von innen und außen,
von sichtbar und unsichtbar,
von körperlich und geistig.
Mit meinen Sinnen
kann ich das Übersinnliche
erfassen.
Das Ewig-Eigentliche
geht verloren,
wenn ich nur
das Sinnenhafte konsumiere.
Wenn ich mich
dem Ganzen öffne
und durch das Außen
bis hin zum Innen dringe,
wird mir die ganze Welt
zum Sakrament.

Herr,
gib mir Augen,
die mehr sehen
als nur Umrisse und Farben;
Ohren, die mehr hören
als nur Töne;
Hände, die mehr spüren und greifen
als nur Gegenstände.
Gib mir
ein sehendes, hörendes und fühlendes
Herz!

Ewig leben

„Ich bin da für dich
als dein Leben."

Wer geboren ist,
weiß, daß er sterben muß.
In der Spanne
von der Wiege bis zur Bahre
soll das ewige Leben
mich erfüllen
durch die Liebe,
durch die Freude
und durch die Kraft zum Leiden,
die ich erfahre.
Wenn ewiges Leben
in mir wohnt,
kann mein Körper
einmal ruhig sterben;
er hat sich ja verewigt
im ewigen Leben,
das sich in ihm
für eine Zeit
verwirklicht hat.

Herr,
laß mich das Vergängliche
vom Ewigen unterscheiden.
Laß mich das ewige Leben spüren,
wenn ich an der Vergänglichkeit
zu leiden habe.
Sei du
mein Leben.

Geborgen sein

„Ich bin da für dich
wie der Berg in der Flut."

Der Berg,
der aufragt aus der Flut,
ist der Ort,
wo ich mich „bergen" kann,
wenn ich in Gefahr bin
zu ertrinken.
Am Berg
bin ich („gebergt") geborgen.
Was auf mich zukommt
im Leben,
überschwemmt mich oft
wie eine Flut,
der meine Kraft
nicht mehr gewachsen ist.
Ich brauche Rettung,
Bergung
und Geborgenheit.

Gott,
du bist mein Berg,
meine Rettung aus der Flut.
Rette mich;
nur bei dir
bin ich geborgen.

Sehen können

„Ich bin da für dich
wie Licht in der Finsternis."

Ich brauche Licht,
damit ich sehen kann.
Im ewigen Licht kann ich
mit den Augen meiner Seele
das Ewige wahrnehmen und erkennen.
Im ewigen Licht wird alles Irdische
zum Zeichen und Symbol.
Ich kann alles Irdische neu sehen,
anders sehen.
In dieser Welt
kann mich nichts mehr
zur Verzweiflung treiben,
wenn ich versuche,
alles im ewigen Licht zu sehen.

Herr,
du bist das ewige Licht
in unserer Welt.
Durch dich
erkennen meine Augen
mehr als nur das Irdische.
Gib mir den Durchblick
in meinen Nöten und Problemen.
Gib mir Einsicht
dort, wo ich nichts mehr verstehe.
Gib mir den Ausblick
dort, wo ich mich
nicht mehr hinaussehe.

Durchdrungen sein

„Ich bin da für dich
wie Wasser."

Alles Lebendige
lebt vom Wasser.
Wasser ist der Stoff
des Lebens.
Wasser durchdringt
alles Lebendige.
Ich komme zur Welt
und bin eingetaucht
in ewiges Leben
und in ewige Liebe.
Gott will eindringen
in mich;
er will mich so durchdringen,
daß mir nichts Irdisches
mehr schadet
und die Freude raubt.

Gott,
du bist da für mich
wie Wasser.
Tränke mich,
durchdringe mich
und nimm mir die Angst
vor den Menschen,
vor dem Leben
und vor dem Tod.

Öffnen und verschließen

„Ich bin die Tür."

Türen verbinden
und trennen;
sie eröffnen
und verschließen Wege;
sie lassen kommen
und gehen.
Tür ist ein Stück
beweglicher Wand.
Ich brauche beides:
jemand der mich öffnet
und zugänglich macht
und der zugleich
meine Grenzen sieht
und achtet;
jemand, der mich öffnet
ohne mich zu zwingen,
jemand, der mir Geschlossenheit gibt,
ohne mich einzusperren.

Herr,
du bist meine Tür;
du läßt mich
aus mir herausgehen,
du läßt mich
bei mir geborgen sein.
Öffne und verschließe mich,
damit ich offen bin für alles
und zugleich geschützt
vor allem Bösen.

Ankommen

„Ich bin der Weg."

Ich muß den rechten Weg gehen
– *meinen* Weg –,
damit ich ankomme.
Aber ich kenne
die Wege meines Lebens nicht,
bevor ich sie gegangen bin.
Solange ich den
als Begleiter habe,
der mein Ziel kennt,
bin ich auf dem rechten Weg.
Vom Ziel her
sehe ich das Labyrinth
meines Lebens
als meinen Weg,
als den rechten Weg,
in dem alle Irrwege
aufgehoben sind.
„DU – machst gerade meine Pfade."

Herr,
du bist mein Weg,
du bist zugleich das Ziel
aller meiner Ziele.
Verlaß mich nicht und gib,
daß ich dich nicht verlasse.
Begleite mich,
damit ich nicht in die Irre gehe
und ankomme:
bei mir selbst,
bei den Menschen
und bei dir.

Genießen

„Ich bin Wein."

Die Welt,
die Menschen,
– ja ich selbst –,
alles ist da,
damit ich es genieße
und damit ich mich freue,
daß es mich gibt.
Wer die Lust verteufelt
und wer nach ihr süchtig ist,
kann sich am Leben
nicht mehr freuen.
Gott
will mir alles schenken;
wenn ich nichts fordere
und nichts verschmähe,
dann bleibt alles
SEIN Geschenk.

Herr,
du bist da für mich
wie Wein
– im Wein –.
Laß mich
das Leben so genießen,
daß ich in aller Lust
deine Liebe schmecke
und deine Nähe
spüre.

Sich nähren

„Ich bin Brot."

„Der Mensch ist,
was er ißt",
so spricht der,
der im Brot
nur Kalorien, – „Nahrungsstoffe" – sieht.
Brot ist mehr:
Wer mir Brot gibt,
will, daß es mich gibt,
und daß ich lebe.
ER liebt mich im Brot.
ER will, daß mein ganzer Körper
aus der Liebe,
und für die Liebe
lebt.
Wenn ich das Brot der Liebe
teile,
wird es mehr,
und keiner muß
an Liebeshunger sterben.

Herr,
du bist da für mich
wie Brot;
du selbst
bist mein Brot.
Du nährst mein irdisches Leben
mit deiner Liebe.
Wecke in mir
die Freude zum Teilen,
damit die Liebe
sich verbreitet.

Sich verhalten

„Ich bin da für dich
als deine Mitte."

Die Mitte
ver-mittelt
und bringt alles
ins rechte Verhältnis.
Wenn ich selbst
mit allem, was ich habe,
im rechten Verhältnis bin,
kann ich mich
recht verhalten.
Ich kann nicht selber
meine Mitte sein.
Meine Mitte
ist mir vorgegeben:
ER, der alles schuf,
ist für alles
und für jeden
die ewige Mitte –
und der ewige Mittler,
der in seiner Liebe
alles ordnet.

Herr,
du bist meine Mitte.
Bring mich wieder
ins rechte Verhältnis,
wenn ich ins Schleudern komme.
Bewahre mich in den Versuchungen,
damit ich immer nur dich
als meine Mitte
suche und finde.

Kommen und gehen

„Ich bin da für dich
wie dein Atem."

Einatmen – ausatmen:
Kommen lassen,
gehen lassen.
Ich kann das nicht behalten,
wovon ich lebe.
Im Kommen
liegen die Augenblicke meines Glücks.
Gott ist im Kommen.
Jede Ankunft
birgt in sich den Abschied,
und am Ende jeden Abschieds
wartet schon das neue Kommen.
Ich brauche keinen Abschied zu fürchten,
auch wenn ich das neue Kommen
noch nicht sehe.
Gott ist auch im Abschied nahe.

Herr,
du bist für mich da
wie Atem.
Im Kommen und im Gehen
hältst du mich am Leben.
Gib mir die Kraft,
daß ich im Leben
nichts erzwingen will –
daß ich kommen lassen
und gehen lassen kann.
Halte mich,
damit ich nichts festhalte
außer dir.

Zur Ruhe kommen

„Ich bin da für dich
als dein Platz."

Wenn ich meinen Platz gefunden habe
– bei dir, bei mir, im Leben –,
komme ich zur Ruhe.
Ich kann mich
und alles andere
in Ruhe lassen.
An meinem Platz
kann ich in Ruhe
gelassen werden.
Er
ist hingegangen,
um mir einen ewigen Platz
zu bereiten.
ER
ist jetzt schon mein Platz,
an dem ich zur Ruhe komme
und mich finde.

Herr,
bei dir
habe ich immer Platz.
Gib mir Ruhe,
damit ich Ruhe geben kann.
Sei du mein sicherer Ort,
wenn mich
Haß und Angst und Schuld
verfolgen
und mir die Ruhe rauben.

Da sein

„Ich bin da für dich
als dein Ich-bin-da.“

Die Freude,
daß ich da bin,
kann ich nicht selbst erzeugen.
Erst wenn ich spüre,
daß jemand da ist,
der mich will,
der sich über mich freut,
kann ich mich freuen
über mich.
Es gibt die Augenblicke,
in denen ich mich freue,
daß ich da bin.
Darum bin ich gewiß,
es gibt jemand,
der mich will
und der mich immer liebt:
mein „Ich-bin-da“,
mein Gott.

Herr,
du bist der Urgrund
meiner Daseinsfreude.
Zeige mir,
daß du da bist,
wenn mich das Leben verdrießt.
Sei mir zugegen,
wenn mich Menschen
verlassen und enttäuschen.
Sei da,
wenn mein irdisches Dasein endet.